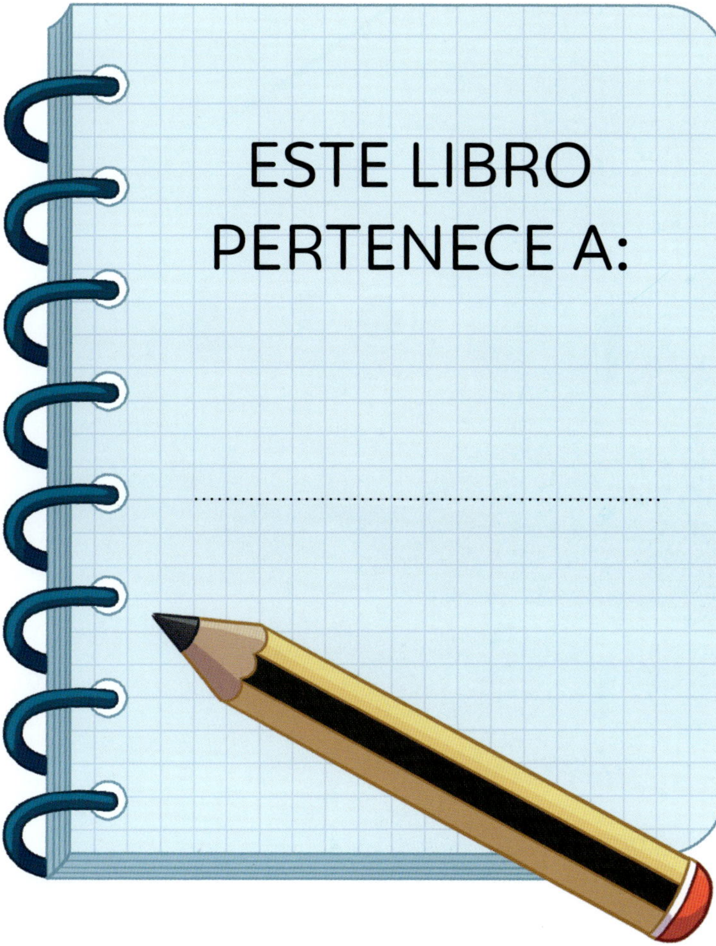
ESTE LIBRO
PERTENECE A:
..........................................................

FRAN FRANCO
@RECURSOSEP

ILUSTRACIONES DE MARTUKA

MATES DIVERTIDAS CON

# LOS NÚMEROS LOCOS

## DOBLE Y MITAD

ALFAGUARA

# ¡HOLA!

**CERO**:
PEQUEÑO
Y GRACIOSO.

**UNO**:
ALEGRE
Y PACÍFICA.

**DOS**:
TRAVIESA
Y EXTROVERTIDA.

**SEIS**:
BROMISTA
Y DESPISTADA.

**SIETE**:
INTELIGENTE
Y OBSERVADOR.

**OCHO**:
CREATIVA
Y GOLOSA.

SOMOS LOS
**NÚMEROS LOCOS.**

**TRES**:
PRESUMIDO
Y DEPORTISTA.

**CUATRO**:
CREATIVO
Y OPTIMISTA.

**CINCO**:
ESTUDIOSA
Y CARIÑOSA.

**NUEVE**:
DORMILONA
Y GENEROSA.

**DIEZ**:
DIVERTIDO
Y MUY SABIO.

EN **NUMERÓPOLIS**, SIEMPRE ANDAMOS METIDOS EN LÍOS, PERO CON LAS MATES RESOLVEMOS... ¡TODOS LOS DESAFÍOS!

¿NOS ACOMPAÑAS EN
ESTA AVENTURA?

LOS NÚMEROS LOCOS
ESTÁN MUY NERVIOSOS.

HOY ES EL CUMPLEAÑOS
DE SU AMIGA **OCHO**.

**OCHO** SE MIRA AL ESPEJO
Y ESTÁ **PRECIOSA.**

SE HA PUESTO UN GORRO
Y UN TUTÚ ROSA.

**SIETE** HA TRAÍDO
UNA **PIÑATA** COLORIDA.

Y **NUEVE** SE HA ENCARGADO
DE PREPARAR LA COMIDA.

# LAS **12** TOSTADAS DE MERMELADA DE FRESA

HA REPARTIDO ENTRE LAS **2** MESAS.

TAMBIÉN HA PINCHADO LAS **10** CROQUETAS.

Y HA FORMADO **2**
RIQUÍSIMAS BROCHETAS.

LAS **8** CUÑAS DE
QUESO DE OVEJA

HA DIVIDIDO ENTRE
**2** BANDEJAS.

–¡ES HORA DE MERENDAR!
–ANUNCIA **NUEVE** CON EMOCIÓN.

Y TODOS PICOTEAN TAN
CONTENTOS EN EL SALÓN.

**CINCO** DA UN GOLPE
A LA PIÑATA Y SE FORMA
UN GRAN REVUELO.

¡HA COMENZADO A LLOVER

CARAMELOS!

TODOS QUIEREN ALGO...

¡Y LA PIÑATA QUEDA ARRASADA!

AHORA TOCA **REPARTIR**
PORQUE ALGUNOS NO
COGEN NADA.

**DIEZ** TIENE ENTRE SUS MANOS **10** NUBES ROSAS.

HA DADO LA MITAD A **CINCO**,
QUE ES LA MÁS ESTUDIOSA.

**OCHO** TIENE **8** CHICLES SURTIDOS.

Y LA MITAD CON **CUATRO**
HA COMPARTIDO.

**SEIS** REPARTE SUS
**6** REGALICES.

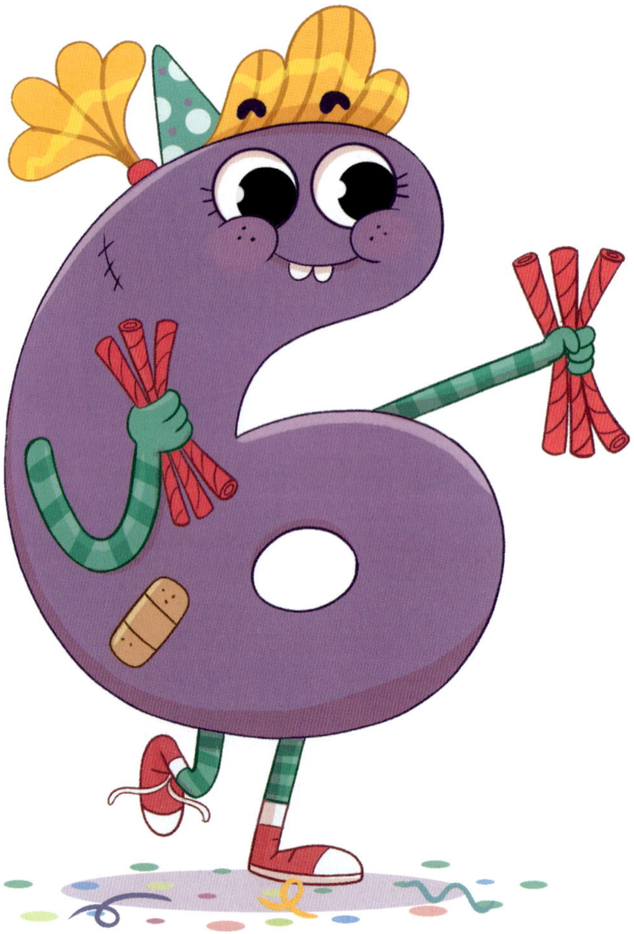

LA MITAD PARA **TRES**,
Y TODOS FELICES.

**CUATRO** TAMBIÉN TIENE
**4** PIRULETAS DE LIMÓN.

Y LE HA DADO LA MITAD
A SU AMIGA **DOS**.

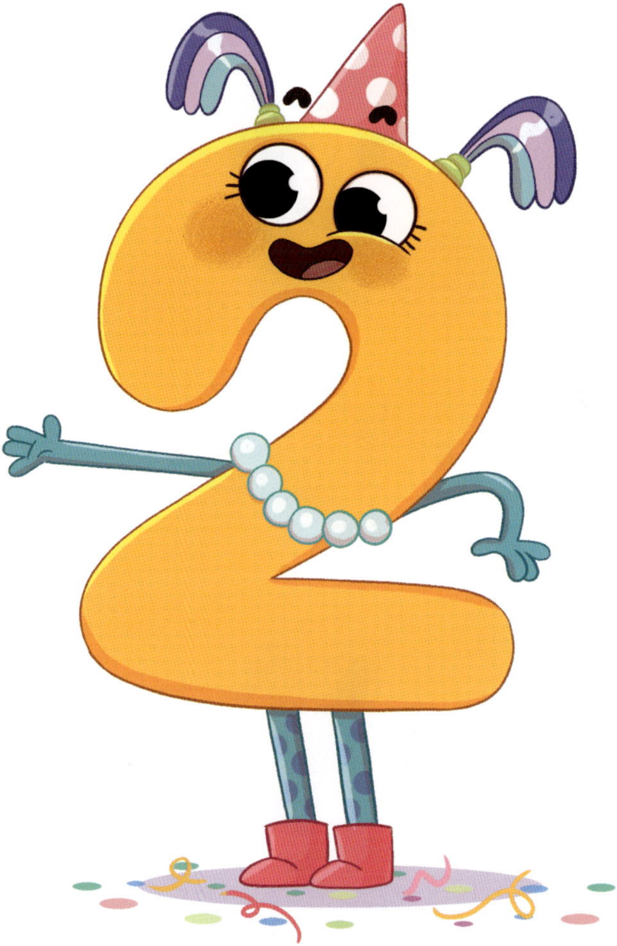

AHORA **DOS** TIENE **2**
PIRULETAS PARA REPARTIR.

**1** ES PARA **UNO** Y ASÍ NO HAY QUE DISCUTIR.

CERO ESTÁ LLORANDO
PORQUE NO PUEDE
COMER CHUCHES.

ASÍ QUE LE HAN REGALADO UN OSITO DE PELUCHE.

DE REPENTE LA LUZ SE APAGA...

¡QUÉ OSCURIDAD!

Y «CUMPLEAÑOS FELIZ» SE PONEN A CANTAR.

# ¿QUÉ HEMOS APRENDIDO?

EN ESTA AVENTURA HEMOS APRENDIDO QUE ALGUNOS NÚMEROS SE PUEDEN **DIVIDIR EN MITADES**.

**LA MITAD DE 2 ES 1.**

**EL DOBLE DE 1 ES 2.**

**LA MITAD DE 4 ES 2.**

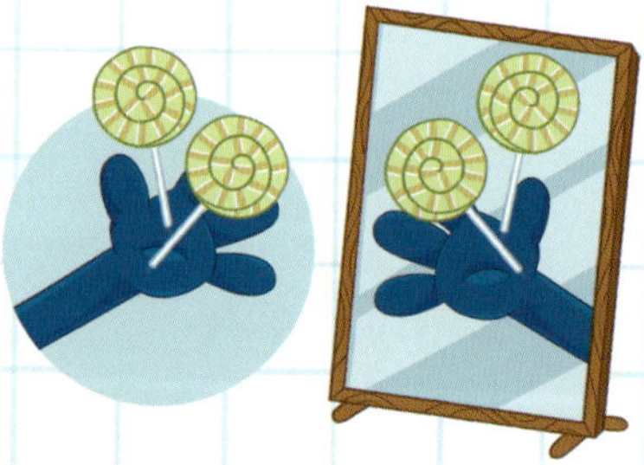

**EL DOBLE DE 2 ES 4.**

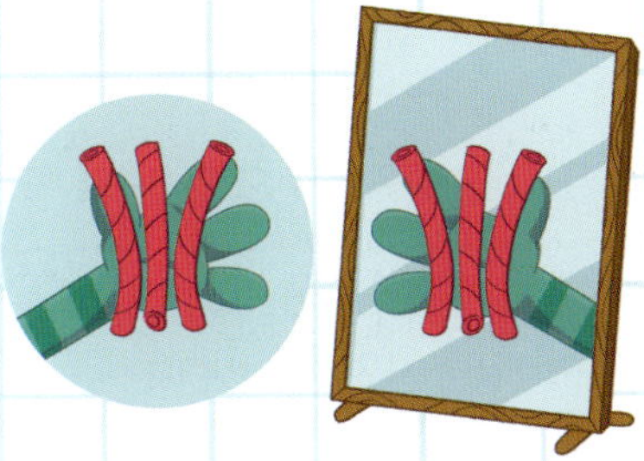

**LA MITAD DE 6 ES 3.**

**EL DOBLE DE 3 ES 6.**

**LA MITAD DE 8 ES 4.**

**EL DOBLE DE 4 ES 8.**

**LA MITAD DE 10 ES 5.**

**EL DOBLE DE 5 ES 10.**

# ¿CÓMO USAR ESTE LIBRO?

Leer libros ilustrados con nuestros pequeños es fundamental para estimular la **imaginación**, desarrollar la **comprensión lectora**, ampliar el **vocabulario** y fomentar el **hábito de lectura** desde una edad temprana.

Con esta serie, los niños y las niñas podrán practicar la lectura mientras **aprenden conceptos matemáticos** sencillos.

Aquí tienes **ALGUNOS CONSEJOS** para disfrutar y aprovechar este libro al máximo:

## LECTURA EN VOZ ALTA

Utiliza una **buena entonación** y, si es posible, **pon una voz diferente** para cada personaje. Esto hará que la historia sea más atractiva.

## AMPLIACIÓN DEL VOCABULARIO

Haz énfasis en las **palabras nuevas** o en las que tú consideres interesantes; aprovecha para **explicar lo que significan** y **construid nuevas oraciones** con ellas.

## ASIMILACIÓN DE CONCEPTOS MATEMÁTICOS

Al leer, **describid juntos** las escenas y los personajes. También es recomendable ir **contando** los elementos que aparecen en las ilustraciones y jugar con las propuestas que encontraréis al final del libro.

## EXPLORACIÓN DE VALORES

En este libro, los valores de fondo son la **amistad** y la **generosidad**. Hablad sobre ellos y reflexionad sobre cómo están presentes en vuestras vidas.

## FOMENTO DE LA CREATIVIDAD

Podéis **dibujar** una parte de la historia o **imaginar un final distinto**. Por ejemplo, «¿Qué pasará después en el cumpleaños?».

## REPETICIÓN DE LA LECTURA

Al **leer el libro varias veces**, se refuerza la **comprensión**, así como la interiorización de los conceptos, de las palabras y de los valores, y además se fomenta el **hábito de la lectura**.

# JUGAMOS CON LAS MATES

Utilizar juegos y materiales manipulativos ayuda a que las niñas y los niños **comprendan** mejor los conceptos y a que afiancen sus habilidades matemáticas. De este modo, las matemáticas resultan más accesibles y atractivas, y ellos pueden ganar confianza en su **capacidad para resolver problemas** matemáticos de manera autónoma.

Aquí tenéis **ALGUNOS JUEGOS** relacionados con el concepto de doble y mitad. Son muy divertidos y resultan fáciles de organizar tanto en casa como en el aula.

## JUEGO 1

# ¿CUÁL ES LA MITAD?

- Solo necesitaréis **dos platos** y **diez objetos** pequeños; podéis usar pompones, canicas, caramelos, piezas de construcciones, botones, policubos...
- Coloca los dos platos sobre una mesa y **coged un número par de objetos**.
- Poned uno en un plato y otro en el otro. A partir de ahí, se deberá **ir repitiendo este proceso hasta haber terminado el reparto**. Finalmente, contad cuántos objetos hay en cada plato, comprobando que ambas cantidades coincidan.
- Este juego ayuda a **interiorizar** que, al hacer este reparto de manera uniforme, se ha dividido el número inicial en dos mitades.

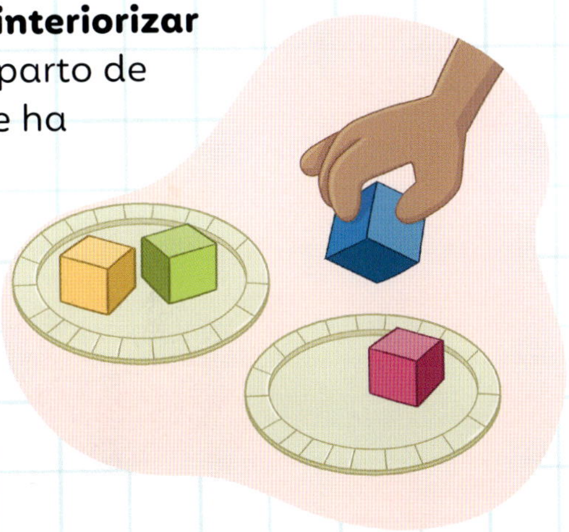

# JUGAMOS CON LAS MATES

## JUEGO 2

## ¿CUÁL ES EL DOBLE?

- Solo necesitaréis **dos platos y diez objetos pequeños iguales o parecidos**; podéis usar pompones, canicas, caramelos, piezas de construcciones, botones, policubos...
- Coloca **dos platos** sobre una mesa y pon en uno de ellos la cantidad de objetos que quieras (pueden ser de distintos tipos o colores).

- Ahora, haz esta pregunta: «**¿Cuántos hay?**». Después de contarlos, **deberá colocarse la misma cantidad de objetos en el otro plato**, fijándose además en los diferentes colores o formas. El objetivo es **conseguir un plato exactamente igual que el otro**, como si fuera su reflejo en un espejo.
- Para terminar, **invita a contar cuántos elementos hay en total**, entre los dos platos, dejando claro el concepto de que este número es el doble del número inicial.

Papel certificado por el Forest Stewardship Council®

MIXTO
Papel | Apoyando la silvicultura responsable
FSC® C117695
www.fsc.org

Penguin Random House Grupo Editorial

Primera edición: mayo de 2024



*Printed in Spain* – Impreso en España

ISBN: 978-84-19688-51-4
Depósito legal: B-5.970-2024

Impreso en Talleres Gráficos Soler, S. A.

AL88514